LIGUE CONTRE L'ATHEISME

CONFÉRENCES. — Nº 11.

DE
LA LIBERTÉ D'ASSOCIATION

PAR

M. Gabriel ALIX

Avocat à la Cour d'appel
Professeur à la Faculté libre de Droit et à l'École des Sciences politiques

PARIS

A. FAIVRE ET H. TEILLARD

LIBRAIRES DE L'ALLIANCE SCIENTIFIQUE UNIVERSELLE

27, RUE BONAPARTE, 27

1894

PRIX : 50 CENTIMES.

DE LA
LIBERTÉ D'ASSOCIATION

Par M. Gabriel ALIX

Avocat à la Cour d'appel
Professeur à la Faculté libre de Droit et à l'École des Sciences politiques

---

I. Il y a quelques années, un certain nombre d'hommes éminents, religieusement et politiquement séparés sur bien des points, mais étroitement unis dans une même croyance en Dieu et dans un même amour pour la patrie, adressaient un manifeste (1) au pays. Dans ce manifeste, ils présentaient sous le jour le plus sombre l'état de notre Société. Ils se demandaient d'où provient le trouble profond qui existe dans toutes les sphères de l'activité intellectuelle, législation, politique, économie politique, philosophie, histoire, art, littérature; d'où provient celui qui règne dans l'ordre moral, — le relâchement des liens de la famille, cette dépravation qui s'étale jusque dans la rue, cette précocité du crime, notre impatience de tout frein et de tout joug, les haines sociales, les révoltes de la misère humaine. Ils en voyaient la cause première dans la ruine des doctrines spritualistes, en dehors desquelles il ne saurait y avoir, disaient-ils, ni vérité absolue, ni beauté dans les œuvres de l'esprit, ni droit, ni justice, ni mœurs, ni ordre, ni liberté, et ils concluaient à la nécessité de restaurer avant tout l'idée de Dieu, — d'un Dieu libre et personnel, créateur de toute chose et fin de l'homme, si on voulait relever la société elle-même, ou seulement la sauver d'une entière dissolution.

Ce manifeste n'était pas uniquement la protestation et le cri

(1) Voir le premier numéro de la *Paix sociale*, 2 juin 1888.

de révolte de quelques nobles âmes, étouffant en quelque sorte sous le poids du matérialisme contemporain ; c'était encore et surtout l'acte constitutif d'une association destinée à réagir contre le mal. — Mais de quelle manière les signataires entendaient-ils agir ? Ils le disaient : Ce n'était ni à la manière d'une école ou d'une église ; car ils ne formaient ni une église ni une école. Ils ne se jetteraient donc pas dans la controverse ; ils ne prêcheraient pas une doctrine, à proprement parler. Ils considéreraient comme démontrée, certaine, évidente cette lumière qui éclaire tout homme venant en ce monde ; ils tiendraient pour universellement reconnu et accepté le principe sur lequel toute société, ancienne ou moderne, civilisée ou barbare, a reposé jusqu'ici ; — ils affirmeraient Dieu. Ce nom, traité en suspect et qu'on n'ose plus prononcer dans la patrie de Pascal et de Descartes, ils ne craindraient pas de l'écrire, ils le diraient hautement, de manière à le rendre de nouveau familier à notre oreille et présent à notre esprit. Ils s'efforceraient de le faire rétablir là où il a été si malheureusement effacé, et où son absence ne laisse pas seulement un vide, mais un abîme, — à l'école, à l'hôpital, — dans les prétoires, car Dieu est le principe de toute justice. Il est aussi le principe du vrai et du beau, et c'est de cette hauteur qu'ils jugeraient la valeur de tous les systèmes et qu'ils apprécieraient les créations de l'art. Ils se placeraient donc sur un terrain pratique ; leur œuvre serait avant tout œuvre patriotique et sociale.

Mais cette œuvre avait besoin d'un grand nombre d'ouvriers. Les fondateurs de la Ligue appelaient autour d'eux et à leur aide les hommes de bonne volonté, tous ceux que les souffrances morales de leur pays ne laissaient pas indifférents et qui sentaient, comme eux-mêmes, la nécessité d'y porter remède.

Depuis que cet appel nous a été adressé, les faits que nous avons vu se produire dans l'ordre social, sont-ils de nature à diminuer les alarmes qu'exprimait le manifeste, et à rendre moins opportune l'action de la Ligue ? Personne, je pense, n'oserait le dire. Des attentats sans nom sont venus jeter l'épouvante dans tous les cœurs, et nous ont fait entrevoir, en les éclairant d'une sinistre lueur, les passions sauvages qui bouillonnent sous cette civilisation, si brillante à la surface. Les lois ont été appliquées dans leur rigueur, une répression énergique a rendu la sécurité au pays ; mais cette sécurité ne saurait être que relative et momentanée aussi longtemps que son état moral restera le même. L'action du gouvernement suffit peut-être pour arrêter les manifestations du mal ; mais au delà elle est impuissante, et c'est à d'autres moyens que l'on doit recourir, si l'on veut saisir le mal à son origine et en éteindre le foyer.

Est-ce bien là, Messieurs, l'enseignement qui est sorti pour tous les esprits, — j'entends dire les esprits honnêtes et réfléchis, — des tristes événements auxquels je viens de faire allusion ? Il est permis de croire que beaucoup ont compris cette leçon de choses. Je crains pourtant que parmi ceux-là quelques-uns ne l'aient comprise qu'imparfaitement, et que la pleine vue de la vérité ne leur échappe encore. Je lisais, en effet, il y a quelques jours, ces lignes dans une Revue : « Il faut avoir le cou- « rage de le reconnaître : nous avons fait fausse route dans « nos programmes d'instruction. Nous avons cru naïvement à « l'excellence native de l'homme ; nous avons un peu trop faci- « lement admis que la science suffit à tous les besoins de l'hu- « manité, et qu'elle est le viatique des faibles comme elle est le « pain des forts. Elle suffit peut-être à ceux qui l'ont prise à « haute dose ; mais le grand nombre ne peut se passer d'une « croyance positive où il trouve à la fois un frein et un idéal. » Cette manière de voir n'est pas nouvelle. C'était celle de Charron, dans son *Traité de la sagesse*, au début du XVIIe siècle. Que de fois elle a été reproduite depuis cent cinquante ans ! Je n'en sais pas de plus méprisante pour l'humanité, ni de plus fausse. Comment admettre, en effet, qu'il existe des erreurs nécessaires, — nécessaires à la vie morale des peuples, et que ce soit de l'erreur, et non de la vérité, que sortent et l'honnêteté des mœurs et la probité et le respect et le dévouement, en un mot toutes les vertus qui font notre dignité et notre grandeur ? Dans quelqu'ordre que ce soit, dans l'ordre moral comme dans l'ordre physique, que peut-il sortir de l'erreur, sinon la corruption et la mort ?

Il n'y a pas d'idée plus fausse, et j'ajoute de plus funeste. On sait si elle fut fatale à l'aristocratie du XVIIIe siècle ! Elle menace de l'être aujourd'hui à la bourgeoisie et à la société tout entière. Les classes populaires l'ont repoussée — et, je ne crains pas de le dire, c'est leur honneur de l'avoir repoussée. Elles n'ont pas admis qu'il pût exister deux sortes de doctrines, l'une de qualité inférieure et à leur usage, une autre, raffinée et savante, réservée à une élite. Et lorsqu'une sorte de scepticisme transcendantal a paru dans les hautes sphères de la pensée humaine, être considérée comme le dernier terme de la science et de la sagesse, elles aussi ont rejeté, comme des rêves enfantins, tout ce qu'on leur avait dit naguère de Dieu, de la nature et des destinées de l'homme. Seulement la philosophie du doute et de la négation n'a pas été pour elles comme pour nous, une pure spéculation, un simple jeu de l'esprit ; elles en ont tiré les conséquences pratiques, et quelles conséquences ! Elles n'ont tenu aucun compte des systèmes artificiels imaginés pour sauvegarder l'ordre et les intérêts ; elles ont détruit le fragile édifice d'une morale sans base ni sanction.

Par une singulière interversion des rôles sociaux, ce sont les classes inférieures qui ont instruit les classes supérieures. En mettant sous nos yeux le fruit de nos doctrines, elles nous en ont montré la valeur. Elles nous ont appris, sans s'en douter, ce que nous avions désormais à faire, si nous voulions efficacement venir au secours de la Société et de la Patrie. Il s'agit moins, quant à présent, de combattre les théories révolutionnaires que de répudier les principes d'où elles procèdent, et que nous avons semés aveuglement dans toutes les intelligences ; en vérité, il s'agit moins de changer les idées du peuple que de changer les nôtres. C'est de nous seulement que peut venir la réforme ; mais c'est sur nous d'abord qu'elle doit porter. Nous ne pouvons rien pour des malades, tant que nous sommes nous-mêmes malades, en proie au scepticisme et au découragement. Que l'idée de Dieu se retrouve dans nos discours, dans nos livres, dans nos œuvres ; surtout qu'elle reprenne possession de nos esprits et de nos consciences. Lorsque nous aurons relevé les ruines qui sont au dedans de nous, nous songerons alors à relever celles que nous avons faites autour de nous ; nous pourrons nous occuper utilement du peuple. Nous n'irons pas au peuple sous l'empire d'un misérable sentiment de crainte, inspiré par la vue du péril social. Nous irons à lui pour lui porter la vérité, ce que nous penserons, ce que nous croirons fermement être la vérité, — conduits par un sentiment d'humanité et de fraternité, conduits aussi par un sentiment de justice, car nous lui devons cet apostolat à titre de réparation !

Si je me suis un peu longuement arrêté sur les origines de la Ligue, sur son but et son programme, c'est que j'ai voulu, avant de commencer, rendre hommage à deux de ses principaux fondateurs, que la mort a récemment frappés, à deux esprits éminents, à deux hommes de bien : à M. A. Franck et à M. Waddington, — et que le meilleur moyen de leur rendre hommage était de parler de leur œuvre.

Je tenais aussi à montrer avec quel sentiment j'avais accueilli la proposition de faire ici, ce soir, une conférence : ç'a été avec un sentiment de profonde reconnaissance. Je remercie le Comité de la Ligue d'avoir bien voulu m'associer à sa haute et patriotique tâche ; c'est un honneur pour moi. C'en est un autre, que je sens vivement, de prendre la parole sous le patronage de l'éminent magistrat que tant de titres désignaient à la présidence d'une ligue contre l'athéisme (1) ; — sa profession, son caractère, l'élévation de son esprit.

II. La liberté d'association, — tel est le sujet que je me propose d'étudier devant vous. Droit naturel, la liberté d'association se rattache par elle-même aux principes que la Ligue s'est

(1) M. A. Desjardins, membre de l'Institut, avocat général à la Cour de cassation.

donné la mission de défendre. C'était déjà une raison pour qu'elle figurât sur le programme de ses conférences. D'autres raisons demandaient qu'elle y figurât au premier rang. Les propositions ou projets de loi qui se rapportent à cette question abondent ; elle a donné lieu récemment à d'importantes publications, signées d'écrivains éminents (1) ; elle préoccupe beaucoup d'esprits à l'heure actuelle, — et avec raison, car je n'en sais pas qui soit plus étroitement liée aux difficultés et aux problèmes que soulève notre état politique et social.

Le droit d'association est un droit naturel, ai-je déjà dit ; il est aussi un élément essentiel de liberté politique. Aussi est-on sûr de le rencontrer partout où la liberté politique existe réellement, c'est-à-dire non seulement sur le papier, dans un texte de loi, mais dans les traditions et les mœurs. Pour l'Américain du Nord ce droit est tellement indéniable que les constitutions des Etats en font mention à peine. C'est par centaines que l'on compte les associations aux Etats-Unis, mais elles n'ont pas eu besoin de se faire reconnaitre. Elles sont sorties spontanément d'un sol généreux, comme les arbres de la forêt vierge, sans que rien s'opposât à leur développement. En Angleterre aussi, la liberté dont nous parlons, est un produit des mœurs plutôt que de la loi, et si de loin en loin, dans des circonstances extraordinaires, elle y subit quelques restrictions, ces restrictions ne furent jamais proposées et acceptées que comme des mesures temporaires. Même chose en Belgique. Aucun acte émané des Chambres ou du Roi n'y réglemente le droit d'association ; la Constitution le proclame et le garantit, voilà tout ; et les seules dispositions restrictives qui s'y rapportent, — m'écrivait un jour, avec une pointe d'orgueil national, un publiciste belge, — ce sont les dispositions insérées dans le Code pénal de 1867 et destinées à frapper les associations de malfaiteurs.

(1) V. notamment *Revue des Deux-Mondes*, 15 août 1891, de la liberté d'association, par M. P. Dareste ; — Une liberté nécessaire, Le droit d'association, par M. le comte de Paris, 1891 ; — De la liberté politique dans l'Etat moderne, (liv. I, chap. VI), par M. Arthur Desjardins, membre de l'Institut.

Je me suis quelquefois demandé quelle impression éprouverait et ce que penserait de nous un homme né sur l'une de ces terres classiques de la liberté, un Américain par exemple, qui, ne sachant rien de notre gouvernement, de nos lois, de nos mœurs politiques, et désirant les connaître, ouvrirait par hasard un traité du droit public français et tomberait sur le mot *association*.

Voici ce qu'il y verrait :

Toute association entre plus de vingt personnes, qui ne sont pas domiciliées sous le même toit, constitue un délit, à moins qu'elle ne soit formée avec l'autorisation du gouvernement (1).

L'association qui comprend plus de vingt personnes, tombe sous le coup de la loi, alors même qu'elle se partagerait en sections d'un nombre moindre (2).

La pénalité, encourue pour le délit d'association, consiste dans une amende qui peut aller à 1,000 francs, et un emprisonnement de deux mois à un an. — En cas de récidive, les peines peuvent être portées au double, et le condamné être placé sous la surveillance de la haute police. — C'est le traitement infligé au voleur par l'article 401 du Code pénal.

Il est bien entendu que l'autorisation accordée à une association quelconque, est essentiellement précaire, et que le gouvernement peut toujours la révoquer.

L'association autorisée est à l'abri de la poursuite et de la condamnation. Elle peut agir désormais, poursuivre son but, — mais théoriquement, à vrai dire, car le moyen d'y atteindre lui manque encore. Elle n'a pas la faculté de recueillir des ressources en son propre nom ; elle n'a pas le droit de posséder. La capacité d'acquérir, la *personnalité morale*, comme disent les légistes, est un privilège distinct, en effet, qui n'appartient à l'association que lorsqu'un acte tout gratuit du Pouvoir administratif, un décret rendu en Conseil d'Etat l'a déclarée *d'utilité publique*.

(1) Code pénal art. 291.
(2) Loi 10 avril 1834.

Reconnue personne morale, l'association pourra devenir propriétaire, mais à quelle condition ? A la condition de gérer ses affaires sous la tutelle du gouvernement. En vertu de la loi ou des statuts qui lui auront été imposés, tout acte important de sa vie civile exigera l'intervention et le consentement du Chef de l'Etat. En aucun cas il ne lui sera permis, sans ce consentement, de recevoir à titre gratuit. La perte de son indépendance sera le prix de sa capacité civile.

Qui le croirait ? Ce régime, si rigoureux qu'il paraisse, est encore un maximum de liberté, auquel toute espèce d'association, ayant un but avouable, ne saurait prétendre. Les congrégations religieuses sont placées en dehors de ce droit commun. Toute congrégation est tenue de se pourvoir d'une autorisation, alors même qu'elle ne compterait pas plus de vingt membres, et alors même que tous ses membres résideraient dans la même maison.— Une association de religieux, qui n'est pas autorisée, est réputée association illicite ; et, sans qu'il soit nécessaire de faire statuer par un juge sur l'existence du délit, il appartient au gouvernement de la dissoudre, et d'en faire disperser les membres par la force. Enfin, — sauf des exceptions qui ne concernent que les communautés de femmes, on admet que la personnalité morale ne peut être conférée aux communautés religieuses que par la loi.

Est-ce tout enfin ? Non, les dispositions que je viens de résumer, ne constituent que la partie administrative de la législation. Il reste la partie fiscale.

Le principe de l'égalité devant l'impôt, affirmé par la déclaration des droits de l'homme, ne s'applique pas, ou du moins n'est pas appliqué aux associations. Celles-ci acquittent, bien entendu, toutes les contributions, directes ou indirectes, demandées aux particuliers (1). Mais outre les charges communes, elles en supportent deux qui leurs sont propres.

(1) Notamment les droits d'enregistrement, connus sous le nom de droits de mutation. Mais comme les biens immobiliers des *personnes morales*, par conséquent des *associations reconnues*, changent assez rarement de mains et que, par suite de ce fait les droits de mutation pourraient être moins lourds pour les personnes morales que pour les

D'abord un impôt de 4 °/° sur leurs revenus (1). Veuillez bien remarquer que cet impôt est indépendant et de la contribution foncière qui pèse déjà sur leurs biens-fonds, et même de cet autre droit général de 4 % sur les intérêts ou dividendes des obligations, actions, parts commerciales quelconques dont les associations peuvent se trouver propriétaires. L'impôt dont il s'agit s'ajoute à ceux-là, et porte sur l'ensemble des revenus de l'association... de ses revenus! Porte-t-il du moins sur des revenus réels ? Non, il frappe des revenus présumés, qui, le plus souvent n'existent pas. On évalue en effet, tous les meubles et tous les immeubles que l'association possède, — productifs ou bien affectés à des œuvres, et par conséquent onéreux ; on suppose que ce capital produit un revenu de 5 %, et c'est sur ce revenu fictif, dont aucune charge n'est déduite, que le fisc perçoit l'impôt.

En second lieu le droit *d'accroissement*. C'est un droit de 9 %, — de 11 1/2 avec les décimes additionnels, prélevé sur la part qui appartient ou est censée appartenir à chaque associé dans le capital de l'association, toutes les fois que par la mort ou la retraite d'un membre, cette part accroit ou est censée accroître aux autres membres (2). 11/2 % ! Droit énorme,

individus, on leur demande, à titre de compensation, une taxe directe spéciale, la taxe des biens de main-morte, qui rétablit l'équilibre. — En fait comme en droit, les associations n'échappent donc à aucune des charges communes.

(1) Le 28 décembre 1830, art. 3 : « L'impôt établi par la loi du 28 juin 1872 sur les produits et bénéfices annuels des actions, parts d'intérêts et commandites, sera payé par toutes les Sociétés chez lesquelles les produits ne doivent pas être distribués en tout ou partie entre leurs membres. — *Les mêmes dispositions s'appliquent aux associations reconnues et aux sociétés ou associations même de fait existant entre tous ou quelques-uns des membres des associations reconnues ou non* ». V. l. 29 décembre 1834, art. 9, sur la manière de déterminer le revenu.

(2) L. 28 décembre 1830 : « Dans toutes les Sociétés ou associations « civiles qui admettent l'adjonction de nouveaux membres, les accrois- « sements opérés par suite des clauses de reversion, au profit des « membres restants, de la part de ceux qui cessent de faire partie de « la société, sont assujettis au droit de mutation par décès, si l'accrois- « sement se réalise par le décès, ou au droit de donation, s'il a lieu « de toute autre manière...»

n'est-il pas vrai ? Je ne dirai pas comment le génie de la fiscalité est parvenu à le rendre plus accablant encore, et à lui donner, en certains cas, le caractère d'une véritable confiscation, car le temps me manque, et je craindrais de perdre de vue mon sujet.

Telle est la législation française sur le droit d'association. Le fond en appartient au premier Empire ; il a été développé et enrichi par les régimes qui lui ont succédé. Chose singulière ! A mesure que l'on avançait dans le siècle, tandis que les idées libérales se répandaient davantage et pénétraient plus à fond dans les institutions publiques, cette législation est devenue plus restrictive. Il est même remarquable que ce sont les gouvernements les plus libéraux qui ont le plus renchéri sur le Code pénal de Napoléon. Le gouvernement de juillet a fait la loi du 10 avril 1834. La troisième République a remis en vigueur des mesures prises autrefois contre les congrégations religieuses et tombées en oubli, jusqu'à des arrêts du Parlement de Paris et des édits de Louis XV. La partie fiscale de la législation est son œuvre propre. — Est-ce à dire pourtant que cette grande et vitale liberté ait été rayée de tous les programmes politiques ? Qu'on ne l'ait jamais promise ou réclamée ? Non certes ; aucune autre peut-être n'a fait l'objet de revendications plus nombreuses et plus violentes. On sait, en effet, que ce fut à la suite de la dissolution des sociétés républicaines prononcée en 1834, sous le ministère du maréchal Soult, qu'éclatèrent les terribles journées de Lyon, allumées par la *Société du droit de l'homme*. Mais en aucune autre matière, les professions de foi et les engagements pris dans l'opposition n'ont été plus complètement et plus lestement mis de côté et reniés après l'arrivée au pouvoir.

Je n'oublie certes pas la loi du 21 mars 1884 sur les Syndicats professionnels, et j'estime qu'il faut en savoir gré à ceux qui l'ont faite. Mais, par malheur, cette loi n'est pas l'indice d'une politique nouvelle ; elle ne se rattache à aucun plan général de réformes. Elle tranche simplement une des nombreuses questions du travail ; son caractère est économique.

En la présentant et en la votant, on a voulu donner satisfaction aux revendications des chambres syndicales d'ouvriers ; on n'a nullement entendu faire un pas dans la voie de la liberté. Il est vrai qu'avant comme après cette loi, le gouvernement a déposé plusieurs projets généraux sur le droit d'association, en 1883 (1), en 1888 (2), en 1891 (3). Mais que sont devenus ces projets ? Après avoir fait quelque bruit dans le monde au moment de leur apparition, ils ont été successivement prendre place dans les cartons du Sénat ou de la Chambre des députés ; — et, en vérité, nous ne saurions le regretter beaucoup ; car ils renfermaient tous, relativement aux communautés religieuses, d'inacceptables réserves. Les ministres qui les avaient apportés, n'ont jamais paru beaucoup plus pressés que nous-mêmes, de les voir sortir de la poussière où ils dorment paisiblement. Chaque projet, présenté comme un acheminement vers la séparation de l'Eglise et de l'Etat, n'était, dans la pensée de son auteur, qu'un expédient destiné à faire prendre patience aux radicaux qui réclament la dénonciation du Concordat. En réalité ni les opportunistes ni même les radicaux, sauf peut-être la plèbe du parti, ne veulent sérieusement l'abolition du régime concordataire, (pour des motifs dans lesquels nous n'avons pas à entrer ici), et ils ne veulent pas davantage la liberté d'association. Pourquoi, en effet, renoncer à la législation de 1810, lorsqu'on tient le pouvoir dans ses mains ? Il n'y a que bénéfice dans son maintien. Les amis auxquels aucune autorisation n'est refusée, n'en souffrent pas ; elle n'est gênante que pour les adversaires : c'est le code des vaincus.

III. Cependant, il faut le reconnaître, l'égoïsme des partis ne suffit pas à expliquer cette persistance de la législation impériale à travers les régimes qui se sont succédé depuis

(1) Projet présenté par M. Waldeck-Rousseau, ministre de l'intérieur.
(2) Sous le ministère de M. Floquet.
(3) Sous le ministère de M. de Freycinet.

près d'un siècle. C'est une cause ; elle n'est pas la seule, ni même, je crois, la principale. Si l'on veut découvrir celle-ci, il faut la chercher en nous-mêmes, dans notre conception propre du droit et de la Société politique, dans l'idée que nous nous faisons de la liberté.

Ouvrez le Code civil, et parcourez-le d'un bout à l'autre : vous n'y rencontrerez qu'une unité sociale, — l'individu, et qu'une espèce de droit, — le droit individuel. Son esprit se révèle d'une manière frappante dans le régime de la propriété. Elle existe sous une seule forme, — sous la forme d'un droit individuel, absolu, se confondant avec la chose même, sans devoir corrélatif, telle enfin que la concevait le vieux Romain, lorsqu'il se présentait devant le préteur, et que, posant la pointe de sa lance sur l'objet qu'il revendiquait, il disait : *hanc rem meam esse aio* ! Je n'aurais pas de peine à prouver que le même esprit a présidé à l'organisation de la famille, société sans consistance, sans existence propre, dont les membres sont liés les uns aux autres par des obligations réciproques, mais où l'on ne rencontre que des droits et des devoirs individuels ; société fatalement temporaire et de courte durée. Une liquidation générale la termine : les associés y reçoivent chacun sa part, puis se dispersent.

L'individualisme fait le fond de notre droit public comme de notre droit civil. Il suffit, pour s'en convaincre, de relire le fameux préambule de la constitution de 1791. La philosophie de la Révolution est résumée en quelques lignes, là, dans cette préface de son œuvre.

On peut même dire qu'elle tient tout entière dans le titre : *déclaration des droits de l'homme*. L'homme ! Il est né libre, maître absolu de lui-même, et sa liberté n'a pas d'autre limite que la liberté d'autrui. Au-dessus de lui se trouve l'Etat, il est vrai ; mais l'Etat, c'est encore lui-même, c'est l'individu. La souveraineté du peuple n'est qu'une émanation de la souveraineté individuelle ; la loi est simplement l'expression de la volonté générale. En dehors de l'Etat nous chercherions en vain, dans la constitution de 1791 et dans *les* décrets de l'As semblée constituante, une collectivité quelconque : associations professionnelles, universités, collèges, communautés, établissements de toute nature sont supprimés ; et les services laissés vacants par ces suppressions, passent aux mains de l'Etat. Entre ces deux termes extrêmes, l'Etat et l'individu, aucun groupe, aucune force ; il n'y a rien.

Oh ! je sais bien que les lois de la Révolution ne défendaient pas l'association, en principe ; elles ne faisaient d'exception que pour les sociétés de métiers. La liberté d'association fut même reconnue formellement par un décret des 13-19 mai 1790. Mais il n'est pas sans importance de faire remarquer qu'elle était passée sous silence dans la déclaration des droits et dans la Constitution (1), et ce qu'il ne faut pas oublier surtout, c'est que si l'on permettait aux citoyens de se rapprocher et de s'unir en vue d'un but commun, les moyens matériels d'atteindre ce but leur étaient refusés. Aucune association, en effet, ne pouvait acquérir, avoir une existence propre, et, pour employer l'expression alors en usage, former un corps.

Des corps, on n'en voulait pas en 1789, dans quelque sphère d'intérêt que ce fût ; on craignait qu'ils ne devinssent dangereux pour le nouvel ordre de choses ; et l'on estimait que, dans tous les cas, ils étaient désormais inutiles. On donnait

(1) Veut-on savoir ce que pensait de la liberté d'association l'Assemblée de 1789 ? Qu'on lise le rapport présenté sur cette question au nom du Comité de la constitution. En voici quelques passages : « Quand une nation change la forme de son gouvernement, chaque citoyen est magistrat ; tous délibèrent et doivent délibérer sur la chose publique, et tout ce qui presse, tout ce qui accélère une révolution doit être mis en usage. Mais lorsque la révolution est terminée, lorsque la constitution de l'empire est fixée, lorsqu'elle a délégué tous les pouvoirs publics, alors il faut que tout rentre dans l'ordre le plus parfait... que la délibération et la puissance ne soient plus que là où la constitution les a placées..... Il n'y a de pouvoirs que ceux établis par la volonté du peuple, exprimés par ses représentants... Il ne peut y avoir d'action que celle de ses mandataires, revêtus de fonctions publiques. C'est pour conserver ce principe dans toute sa pureté que, d'un bout à l'autre de l'Empire, la constitution a fait disparaître toutes les corporations, et qu'elle n'a plus reconnu que le corps social et les individus. »

de cette inutilité deux raisons. La première, c'était que l'Etat se chargeait de pourvoir à tous les besoins collectifs des citoyens. La seconde, étonnante par sa naïveté, révèle bien les illusions de cette aveugle, grande et généreuse époque ! Si les corps, disait-on, pouvaient être regardés comme nécessaires sous l'ancienne Royauté, parce qu'ils servaient alors de contrepoids à l'omnipotence du Prince, ils n'ont plus aucune raison d'être, maintenant que, la nation ayant repris l'usage de ses droits et élisant ses magistrats, l'arbitraire et la tyrannie sont devenus absolument impossibles.

Nous venons de voir quelle place tenait l'individu dans la pensée des fondateurs de notre droit civil et de notre droit public. Ils n'ont eu que lui devant les yeux. Supprimer tout ce qui peut faire obstacle à son expansion, briser ses entraves et l'affranchir de toute tyrannie, (pour parler le langage du temps), lui rendre et lui garantir ses droits naturels, déclarés sacrés et inaliénables, le faire libre en un mot, voilà le but qu'ils se sont proposé, ce qu'ils ont voulu.

Y ont-ils réussi ?

Cherchons-le ! Voyons quelle place occupe l'individu dans la société sortie de leurs mains ; ce que sont en voie de devenir ses droits et son indépendance.

La place qu'il occupe ?... On se demande sérieusement s'il en existe une pour lui, sur quels objets peuvent bien s'exercer son initiative et son activité, lorsqu'on ouvre pour la première fois la volumineuse loi de finance appelée le budget, et que l'on parcourt de l'œil cette interminable nomenclature des services publics qu'elle renferme. Quels intérêts n'y voit-on pas figurer ! En laissant de côté ce qui appartient en propre à l'Etat, c'est-à-dire la défense du territoire et le domaine de la justice et de la police, on y trouve les voies de communication, les cultes, l'assistance, l'instruction à tous les degrés, les beaux-arts, des écoles professionnelles, des entreprises agricoles, des entreprises industrielles sans nombre, des caisses d'assurances... En dehors des services publics proprement dits, l'Etat dirige ou contrôle une foule d'intérêts dont il n'a pas la gestion directe. Au premier abord il semble que sa fonction soit universelle, et que tout rentre dans son ressort. Un chiffre en dira plus d'ailleurs qu'aucune énumération sur l'étendue de l'action gouvernementale : le budget des dépenses publiques s'élève à trois milliards six cents millions, — à beaucoup plus de quatre milliards, si l'on ajoute aux dépenses de l'Etat celles des départements, des communes et des établissements publics : c'est le cinquième au moins du revenu national !

Je n'insisterai pas davantage sur ce point, car tout a été dit, et depuis longtemps, sur la centralisation administrative et sur la diminution qui en résulte pour l'individu.

A cette centralisation que nous ont transmise la Révolution et l'Empire, mais qui leur est bien antérieure, et qu'on nomme souvent, à cause de son origine, la centralisation monarchique, une autre est venue s'ajouter de nos jours, que l'on peut appeler la centralisation démocratique. Elle résulte d'abord de lois d'ordre politique, telles que les lois scolaires et les lois militaires, et de lois d'ordre économique sur l'assistance, la prévoyance et le travail.

A partir de l'âge de sept ans, chaque individu est désormais placé sous la surveillance de l'État. Enfant, il est tenu de justifier devant un fonctionnaire public qu'il suit l'école ou qu'il reçoit l'instruction dans la famille, et qu'il en profite. Plus tard, devenu homme, lorsqu'il a déjà servi sous les drapeaux et qu'il est rentré dans ses foyers, il reste soumis à l'autorité militaire par des liens et des devoirs étroits. On le suit dans ses divers mouvements. Tout changement de domicile, tout voyage d'une certaine durée, tout établissement à l'étranger donnent lieu à des déclarations, consignées sur des registres publics. Il ne s'appartient complètement qu'après l'âge de quarante-cinq ans. — J'ai simplement voulu constater ce fait, que le cercle de la liberté humaine va toujours se rétrécissant. Loin de moi la pensée de critiquer les lois qui ont organisé la défense nationale ! Je reconnais volontiers qu'elles ont été en grande partie inspirées par l'intérêt dominant de la patrie.

Mais voici d'autres lois et des projets de lois, où les atteintes à la liberté ne peuvent plus être réputées des sacrifices nécessaires, faits à quelqu'intérêt supérieur. C'est elle, c'est la liberté qu'on y vise directement ; et on la vise, parce qu'on la considère tantôt comme impuissante, tantôt comme mauvaise et funeste. On y suppose que l'individu laissé à lui-même est incapable de pourvoir à son existence, de prévoir, d'assurer son avenir, de se défendre et de défendre ses intérêts. Et, en conséquence, l'État vient pécuniairement à son aide, il se reconnaît son débiteur, il supplée à son imprévoyance, il intervient dans ses contrats, il stipule pour lui, il règle les conditions de son travail. Parcourez, Messieurs, les derniers volumes du Bulletin des lois, et vous n'aurez pas de peine à y découvrir l'esprit nouveau dont je parle. Il apparaît notamment dans les subventions accordées aux Caisses et aux entreprises particulières, dans quelques dispositions de la loi du 20 juillet 1886 sur la caisse des retraites pour la vieillesse ; dans les lois plus récentes sur la protection des enfants moralement abandonnés, sur le travail des femmes dans les ateliers, sur les délégués des ouvriers mineurs, sur l'assistance médicale dans les campagnes ; dans les projets gouvernementaux sur la responsabilité des accidents, sur les Sociétés coopératives de production, sur les Sociétés de Secours mutuels, sur la création d'une caisse nationale de prévoyance. Il a inspiré une masse énorme de propositions qui, si elles étaient votées seulement en partie, auraient pour conséquence la suppression de la liberté personnelle et la ruine du pays.— Je dois avouer toutefois que, grâce à la résistance d'un certain vieux bon sens national, le socialisme d'État n'a pas encore obtenu en France des résultats positifs très considérables, et même qu'à cet égard notre législation est un peu en retard sur quelques législations étrangères. Mais patience! Nous rejoindrons les peuples qui nous ont devancés. Il n'est pas permis d'en douter, lorsqu'on suit avec attention le courant des idées, et surtout lorsqu'on voit des hommes réputés conservateurs et qui veulent l'être, s'engouer de cette doctrine, et la patronner avec

la même légèreté et la même inconscience que les hautes classes du XVIIIe siècle patronnaient les utopies des philosophes.

Parmi les *droits naturels de l'homme et du citoyen*, solen-
nellement proclamés en 1791, je cherche quels sont ceux qui
ont traversé le siècle et les divers régimes sans jamais subir
d'atteinte, et nous sont arrivés intacts ? Je n'en trouve pas
deux, — mais j'en trouve un.

C'est le droit de propriété.

Il semblait défier toutes les attaques et toutes les utopies.
1848 est passé sur lui comme un vent de tempête. A toute époque
et sous tous les gouvernements, on l'a tenu pour *sacré* et *in-
violable*. C'est ainsi que le qualifiaient les lois de la Révolution.
Il figure en première ligne dans la déclaration des droits :
« Le but de toute association politique est la conservation des
« droits naturels et imprescriptibles de l'homme : la *liberté*, la
propriété..... ». La liberté, la propriété ! L'Assemblée constituante les rapprochait et les unissait en quelque sorte, et
avec raison, car si la propriété ne se confond pas avec la
liberté, elle en est la plus haute expression et la garantie. Eh
bien ! le droit de propriété, ce dernier refuge de la liberté individuelle, le voilà inquiété, menacé à son tour ; et il faudrait
être doué d'un singulier optimisme pour ne pas s'émouvoir de
toutes les attaques dont il est l'objet.

Ces attaques sont de deux sortes : les attaques indirectes,
(elles ne sont pas les moins dangereuses), — ce sont celles qui
se dissimulent sous la forme d'un impôt ou d'un système d'impôts (1) ; — et les attaques directes et violentes. Derrière les

---

(1) Sur ce terrain nous voyons encore d'aveugles conservateurs donner la main aux socialistes et nous pourrions répéter ici ce que nous
avons dit plus haut, à propos du socialisme d'État. Voyez notamment
la proposition déposée, il y a quelques jours, par M. Cavaignac, et ten-
dant à remplacer les impôts proportionnels sur les terres et sur les
loyers par des impôts progressifs. Proudhon disait, en 1848 : Cédez sur
l'impôt progressif, et je vous abandonne tout mon système. Comment
peut-on espérer de sauver la société, lorsqu'on la voit ainsi battue en
brèche par ses propres défenseurs ?

opportunistes du socialisme, il y a ceux qui n'entendent pas s'arrêter à mi-chemin et qui réclament la révolution intégrale, — il y a le collectivisme.

Aucune autre doctrine socialiste n'est plus dangereuse, parce que de toutes les utopies, c'est celle qui ressemble le moins à une utopie ; aucune n'a obtenu un succès plus grand et plus rapide. Quelle formidable armée le collectivisme est parvenu, en quelques années, à lever et à organiser de l'autre côté du Rhin, dans son pays d'origine, personne ne l'ignore. Nos dernières élections municipales et législatives ont pu nous donner une idée des forces dont il dispose déjà en France. Actuellement, il est le maître dans plusieurs Conseils municipaux, et, à la Chambre des Députés, il ne compte pas moins de soixante représentants.

Voilà donc où nous a conduits l'individualisme à outrance du XVIIIe siècle. La Révolution s'est faite au nom du droit individuel ; l'ère nouvelle s'est ouverte par l'exaltation de l'individu ; — et cent années sont à peine écoulées que nous assistons à la condamnation du droit individuel, à l'absorption, au naufrage de l'individu (1).

(1) Dans le dernier chapitre du Ve volume de l'*Histoire du peuple d'Israël*, — récemment publié, — M. E. Renan constate, lui aussi, le mouvement social qui se fait autour de nous, et il augure fort mal du sort de la liberté individuelle. Cependant, si l'avenir immédiat lui semble inquiétant, il se rassure, en regardant au delà : « Le socialisme », dit-il, « peut amener, *par la complicité du catholicisme* (?), un nouveau « moyen-âge, des Barbares, des Eglises, des *éclipses de la liberté et* « *de l'individualité*, de la civilisation en un mot. Mais l'avenir ultérieur « est sûr. *L'avenir ne croira plus au surnaturel*... Le judaïsme et le « christianisme disparaîtront. L'œuvre juive aura sa fin ; l'œuvre « grecque, c'est-à-dire la science, la civilisation... expérimentale... « *fondée* sur la raison et *sur la liberté*, au contraire, se continuera sans « fin ; et si le globe vient à manquer à ses devoirs, il s'en trouvera « d'autres pour pousser à outrance le programme de toute vie : lumière, « raison, *vérité*. — La trace d'Israël, cependant, sera éternelle. Israël « a le premier donné une forme au cri du peuple, à la plainte du pau- « vre, à la réclamation obstinée de tout ce qui a soif de justice.... Le « *judaïsme et le christianisme représentent dans l'antiquité ce qu'est le* « *socialisme dans les temps modernes. Le socialisme ne l'emportera pas défi-* « *nitivement* ; la liberté avec ses conséquences restera la loi du monde ;

Cette évolution ne s'est pas faite sans provoquer de violentes protestations. En face du collectivisme, à l'autre pôle des théories révolutionnaires, s'est produite une doctrine qui nie d'une manière absolue le droit social, qui se révolte contre toute loi et tout frein, et revendique pour l'homme la liberté de la bête sauvage. C'est l'anarchisme, puisqu'il faut l'appeler par son nom. Devant les crimes sans précédents qu'il enfante, l'orgueil de la raison humaine éprouve quelque humiliation à y reconnaître une doctrine. C'en est une cependant. L'anarchisme repose sur des principes ; il a ses professeurs et ses philosophes ; Proud'hon en fut le père. Il a ses journaux, ses livres, ses congrès. Rien ne lui manque pour être une école,

« mais la *liberté de chacun s'achètera par de fortes concessions faites aux*
« *dépens de tous* ; les questions sociales ne seront plus supprimées ;
« elles prendront de plus en plus le pas sur les questions politiques
« ou nationales. » Ces prédictions ressemblent un peu à celles de la
Sybille : le vrai y est enveloppé de beaucoup d'ombre, *obscuris vera involvens*. Ce que M. E. Renan appelle le *surnaturel*, n'est pas seulement
la théologie juive ou chrétienne ; c'est toute doctrine se rattachant à
l'idée d'un Dieu personnel et libre, créateur du monde. En dehors de la
doctrine spiritualiste, on voudra bien reconnaître qu'il est au moins
difficile de découvrir un principe de liberté. Il paraîtra donc étrange
que la disparition du surnaturel doive justement coïncider, dans l'avenir, avec la fin d'un monde asservi et avec l'avènement d'une société
fondée sur la liberté, poussant à outrance le programme de toute vie :
lumière, raison, *vérité*. Nous serions tenté de poser à l'auteur de l'histoire du peuple d'Israël la mélancolique question de Pilate : « *Quid est
veritas ?* » — Il n'est pas moins étrange de rapprocher et de faire concourir à une fin commune le socialisme et le christianisme. Dira-t-on
qu'un même sentiment de commisération pour la foule des malheureux
les unit ? Soit ! Encore faudrait-il ne pas abuser de ce point de vue.
En vérité, il n'existe aucun rapport entre la doctrine matérialiste et
athée d'un Karl Marx et la doctrine chrétienne, toute spiritualiste, prêchant la résignation et le détachement des biens de ce monde. Bien
entendu, nous ne jugeons ici la doctrine de l'Evangile que comme une
doctrine humaine. Mais, humaine ou divine, il est certain qu'aucune
autre n'a dégagé et mis en lumière autant qu'elle, les idées de personnalité humaine, de responsabilité, de liberté ; et dès lors, comment
admettre que « le socialisme puisse jamais amener, *avec la complicité*
« *du catholicisme*, des éclipses de la liberté et de l'individualité ? » Ou
bien encore qu'un reste de christianisme, survivant à la ruine du surnaturel et identifié par M. E. Renan avec le socialisme, puisse ame-

pas même les divergences de doctrines, les rivalités et les haines entre les docteurs.

IV. Assurément, la vérité n'est ni de ce côté ni du côté opposé. La doctrine anarchiste est impie, et la doctrine socialiste ne l'est pas moins ; car l'une et l'autre méconnaissent les lois éternelles de l'humanité. L'homme est fait pour vivre en société, et, par conséquent, sous un gouvernement. Mais le pouvoir social vient de Dieu, qui seul a droit de commander à sa créature. Les lois positives ne sauraient donc s'écarter de la loi divine, et elles s'en écartent manifestement, lorsqu'au lieu d'aider la personnalité humaine à se développer, à s'élever par l'effort et par le mérite, et à parvenir à ses fins, elles tendent à détruire notre liberté et notre responsabilité.

Les vrais principes, les voilà ! Ce sont ceux de la philosophie spiritualiste, et c'est pourquoi en cherchant avec vous ce soir les moyens de réagir contre le mouvement qui nous emporte, je suis dans l'esprit de la Ligue contre l'athéisme, et je concours à la mission qu'elle s'est donnée.

ner un état social dans lequel chacun ne sauverait un peu de sa liberté qu'au moyen de lourds sacrifices imposés à tous ?

Après avoir dit très formellement que le dernier mot resterait à la lumière, à la raison et à la vérité, M. E. Renan devient un peu moins affirmatif, en arrivant à sa conclusion : « Israël, dit-il, ne sera vaincu « que si la force militaire s'impose encore une fois au monde, y fonde « de nouveau le servage, le travail forcé, la féodalité. Cela n'est guère « probable. Après des siècles de luttes entretenues par des rivalités « nationales, l'humanité s'organisera pacifiquement ; la somme du mal « sera fort diminuée ; sauf de très rares exceptions, tout être sera con- « tent d'exister. Avec d'inévitables réserves, le programme juif sera « accompli : *sans ciel compensateur, la justice* existera réellement sur la « terre. » Quelle sera la condition du vieux monde civilisé dans ce lointain des âges que M. E. Renan essaie de percer de son regard ? Sera-t-il dans le servage, courbé sous un despotisme militaire, ou traversera-t-il un âge d'or ? M. E. Renan penche pour cette dernière hypothèse. Nous ne nous permettrons pas de le contredire. A pareille distance, il convient de se montrer réservé dans ses conjectures. Mais si l'avenir nous échappe, nous connaissons le passé, et nous savons, par les enseignements de l'histoire, quel a été jusqu'ici le sort misérable des peuples qui ne croyaient plus à *un ciel compensateur*, et n'éprouvaient plus d'autre soif que celle des jouissances terrestres.

Ces moyens sont au nombre de deux :

L'un —, le premier de beaucoup par son importance et sans lequel aucun autre n'a chance de réussir, c'est de travailler à détruire autour de nous cette opinion si accréditée, que la *loi* est simplement l'expression de la volonté d'une majorité ; c'est de faire pénétrer dans l'esprit et la conscience des masses l'idée du droit et de la justice, — ne craignons pas de parler plus nettement, l'idée de Dieu.

Le second —, celui qui fait spécialement l'objet de cette conférence, c'est de ramener peu à peu l'État à sa véritable fonction ; c'est, au contraire de nos vieilles tendances, de rendre l'homme à lui-même, à son initiative et à sa responsabilité, de créer enfin ou de laisser se créer des forces, en dehors de l'État, qui le protègent et viennent en aide à sa faiblesse.

Beaucoup d'esprits, s'inspirant des écrits de M. de Tocqueville, ont vu les réformes à opérer dans une décentralisation administrative plus large, plus complète et plus sincèrement pratiquée. Je suis avec eux et j'accepte leur programme. Mais ce programme est insuffisant, et ne répond même pas d'une manière directe au mal dont nous souffrons le plus. La décentralisation administrative, en effet, divise l'action gouvernementale, et la répartit entre un plus grand nombre d'autorités : c'est beaucoup, même au point de vue où je me place ; mais elle ne la réduit pas. Tout acte de l'autorité publique, qu'il émane du pouvoir local ou du pouvoir central, est une forme de la contrainte légale. En définitive, qu'est-ce que le Département ? qu'est-ce que la Commune ? C'est encore l'État ; c'est l'État localisé, et nous y rencontrons souvent les mêmes passions et les mêmes abus que dans la sphère plus large du gouvernement général.

Sans méconnaître l'importance des franchises locales, nous réclamons une décentralisation qui s'opère au profit immédiat de l'initiative privée.

Il ne s'agit pas d'ailleurs de porter atteinte aux droits inaliénables qui appartiennent à l'État et qui forment le domaine de la souveraineté. Mais hors de ce domaine, l'État n'exerce plus de droits, à proprement parler; tout au plus remplit-il des devoirs. Il a le devoir de suppléer à l'insuffisance de l'action individuelle, dans la satisfaction des besoins collectifs. Mais en aucun cas il ne doit mettre obstacle à cette action, il doit la provoquer, au contraire, ou tout au moins la laisser se produire librement; et à mesure qu'elle se produit et s'étend, s'effacer derrière les associations particulières, réduire le nombre de ses attributions et, comme conséquences l'impôt et le budget.

Une pareille réforme, je suis obligé d'en convenir, est difficile à accomplir. On ne change pas aisément, et surtout en un jour, le cours de l'histoire, les mœurs d'un peuple et les idées reçues. Cependant je ne la crois pas irréalisable. Nous y disposerons peu à peu les esprits et nous la préparerons par la pratique de l'association libre.

Mais avant de songer à faire reculer l'Etat, il faut songer à arrêter sa marche en avant. En attendant que nous reprenions sur lui ce qui a été enlevé à l'individu, essayons de sauver ce qui nous reste de liberté individuelle. Nous n'y arriverons encore que par le moyen de l'association. Au nombre, il faut opposer le nombre. Aux ligues révolutionnaires, qui pèsent sur les résolutions du pouvoir, opposons les ligues conservatrices. Aux fédérations qui menacent le capital et la propriété, opposons des fédérations de capitalistes : si celles-ci comprenaient seulement toutes les petites gens qui versent leurs économies dans les caisses d'épargne, (ce sont des capitalistes !) elles compteraient six millions de membres ; — des fédérations de propriétaires : il existait en France quatre millions de propriétaires fonciers avant à la Révolution ; il en existe près de huit millions aujourd'hui (1).

Voulez-vous avoir une idée de la puissance de l'association ? Un exemple va vous la donner. Je ne le prendrai ni en Angleterre ni aux Etats-Unis ; je le prendrai chez nous. Je signalerai quelques-uns des prodigieux résultats obtenus de 1884 à

(1) V. la *France Economique* par M. de Foville, p. 68.

1892, par une association qui date de 1868, et qui compte en ce moment 11,000 membres environ, l'*Association des agriculteurs de France.*

La loi du 28 mars 1885, relevant les droits d'entrée sur les céréales et sur les bestiaux, est son œuvre. Il en est de même des lois du 29 mars et du 5 avril 1887, surélevant les mêmes droits. Il en est de même du projet relatif à l'importation des blés, en discussion au moment où je parle. On peut affirmer, sans crainte d'être démenti, qu'elle est pour une grande part dans le brusque revirement des idées qui s'est opéré, depuis une dizaine d'années, au sein du Parlement en matière économique. — Le dégrèvement de quinze millions sur la contribution de propriété rurale, accordé par la loi du 8 août 1890, est encore en œuvre. — Enfin l'extension de la loi sur les syndicats professionnels aux agriculteurs, est due à ses efforts et à son influence. L'association a fait accepter cette extension par le pouvoir administratif et par le pouvoir judiciaire. C'est encore elle qui a provoqué plus tard la formation des syndicats agricoles et l'union générale des mêmes syndicats (1).

Et veuillez observer que, d'une part, l'*Association des agriculteurs* n'a qu'une existence précaire ; car elle ne vit que grâce à la tolérance du gouvernement et en vertu d'une autorisation, qu'on peut toujours lui retirer ; et que, d'autre part, elle n'est guère composée que des représentants de la grande et de la moyenne propriété, dont les intérêts, — lorsqu'il s'agit de la question douanière, — sont si souvent présentés comme étant en opposition avec ceux des classes populaires.

Concluons, messieurs, de tout ce que je viens de dire, que, parmi les lois à faire, il n'en est pas de plus nécessaire, de plus urgente qu'une loi sur les associations.

V. Il me reste à faire connaître comment cette loi devrait, selon moi, être faite, pour donner satisfaction aux esprits libé-

(1) V. le volume publié par M. le comte de Luçay : 1863-1893, *Vœux de l'Assemblée générale de la Société des agriculteurs de France*, Paris, hôtel de la Société, 8, rue d'Athènes, 1894.

raux, et produire les effets sociaux qu'il est permis d'en at-
tendre.

Je la voudrais très simple et très courte.

Elle admettrait la liberté pour tous et pour tout, sauf pour
les malfaiteurs et pour le crime.

Elle l'admettrait même pour les congrégations... mon Dieu,
oui !

Je n'ignore pas que je rencontre sur ce terrain bien des
préjugés et des passions ; que je me heurte à ce qui a toujours
été en France la pierre d'achoppement du droit d'association.
Mais cet obstacle ne m'arrête pas, et je me résigne à ne pas
être d'accord avec beaucoup de républicains sur la manière
d'entendre la liberté. On distinguait autrefois, sous la restau-
ration, deux camps parmi les partisans de la monarchie : il y
avait les monarchistes d'ancien Régime et les monarchistes qui acceptaient sincèrement les principes de la Charte. Il
existe de même aujourd'hui une République qu'on peut appeler très justement d'ancien régime et une république des
temps nouveaux. C'est à celle-ci que j'appartiens ! Aurais-je
repoussé l'intervention de l'Etat dans la formation des communautés religieuses et dans le gouvernement de leurs affaires, si, au lieu de me faire vivre vers la fin du XIX⁰ siècle, la
Providence m'avait fait naître avant 1789, au temps de Louis
XIV ou de Louis XV, — étant données l'organisation politique de
l'ancienne France et la place que tenait l'Eglise dans cette
organisation ? Non sans doute, et il ne venait à personne alors
l'idée de la repousser. Mais l'on conviendra sans peine que ces
temps sont infiniment loin de nous, et que la Société française
de 1893 n'offre aucune analogie avec la Société française de
1755, à l'époque de M. de Choiseul. On conviendra même
qu'elle ne ressemble pas beaucoup plus à la Société française
de 1825, à l'époque de M. de Montlosier. Je m'imagine que si
ce dernier était encore de ce monde, ce ne serait ni la petite
sœur des pauvres, ni la sœur de charité, ni même le capucin,
ni même le jésuite qui épouvanterait ses nuits, et qui enflam-

merait sa plume. Hélas ! Lorsqu'un pays en est arrivé là qu'il faille organiser des ligues contre l'athéisme pour y relever le niveau des idées et la moralité publique, qui essaierait de nous faire croire au péril d'un excès d'influence religieuse ? Assurément ce n'est pas de ce côté que la société penche. Je ne vois donc pas d'autre raison, que l'intolérance pour mettre les congrégations hors du droit commun. Et comme cette raison, on n'ose l'avouer et qu'on la garde pour soi, il me paraît inutile de nous y arrêter.

La loi reconnaîtra-t-elle à toutes les Sociétés le droit de posséder, ou bien cette faculté restera-t-elle le privilège des Sociétés auxquelles le gouvernement aura jugé convenable de le conférer ?

C'est là une seconde question à examiner, et une question capitale. Je crois qu'il suffirait du simple bon sens pour la résoudre, si elle n'avait été depuis longtemps embrouillée par une vieille métaphysique juridique, que nous avons apprise des légistes, et que l'on enseigne encore dans la plupart des écoles de droit. On nous dit que le droit pour les citoyens de se réunir et de s'associer et le droit de former des êtres collectifs constituent deux droits très différents l'un de l'autre ; que si le premier peut être considéré comme naturel, le second est purement civil, résultant d'un acte libre de la puissance publique. En réalité, c'est celle-ci qui fait les êtres collectifs, lorsqu'elle le veut et comme elle veut ; et la conséquence de ce principe est qu'il dépend d'elle de les anéantir, aussitôt qu'elle juge que leur existence est devenue nuisible, ou même n'offre plus aucun intérêt social. Thouret développa cette théorie avec sa subtilité ordinaire devant l'Assemblée constituante en 1789. Quelle conclusion il en tira, quelle conclusion pratique en tira l'Assemblée après lui, on le sait. En 1866 et en 1870, le gouvernement de Victor-Emmanuel la reprit et l'appliqua à son tour avec une non moins impitoyable logique aux Églises et aux couvents du nouveau royaume d'Italie.

Depuis lors, un mouvement paraît s'être produit dans un certain nombre d'esprits vers des idées plus équitables et plus vraies. Des hommes que les préjugés et les passions de leur milieu politique avaient d'abord empêchés de voir la vérité en pareille matière, ont fini par reconnaitre que l'existence de toute association implique l'existence d'une certaine personnalité et qu'il ne sert de rien de permettre à une association de naître, si on ne lui permet pas en même temps de vivre et d'atteindre sa fin. Or, comment peut-elle vivre et atteindre sa fin, si elle ne peut se procurer tout ce qui est nécessaire à sa conservation et à son activité ? Le droit de posséder collectivement rentre donc par voie de conséquence dans le droit d'association, reconnu par tous comme un droit naturel (1).

Un républicain de vieille date, M. Pascal Duprat, écrivait en 1865, à l'occasion des confiscations italiennes : « Il y a cependant ici une question à résoudre. L'homme ne pouvant « se développer dans toutes les parties de son être que par « l'association, l'association est légitime, pourvu que le but « qu'elle poursuit n'ait rien de contraire à l'intérêt général. « D'un autre côté, l'association, pour arriver à son but, a besoin de moyens matériels plus ou moins importants. Il en résulte pour elle un droit de propriété d'une certaine nature. « Le devoir du législateur est de faire place à ce droit, en le « renfermant dans des limites raisonnables ». (2) Quelques années auparavant, un autre républicain, vigoureux adversaire des congrégations, M. Clamageran, avait fait le même aveu : « Il faut reconnaitre », disait-il, « que, même pour l'accomplissement d'une œuvre morale, des ressources matérielles sont nécessaires. Refuser aux corporations tout espèce de propriété, serait les réduire à une impuissance complète (3) ! » Enfin, le ministre italien, à qui échut, en 1871, la tâche d'étendre au domaine du Saint-Siège les décrets d'incamération, M. Minghetti, examine la question à son tour dans un li-

(1) Voir sur cette question le savant ouvrage de M. Van den Heuvel, avocat, professeur à l'Université de Louvain, *de la situation légale des associations sans but lucratif*, 1884.

(2) *De la suppression de la mainmorte en Italie, Journal des Economistes,* 1855, t. XLV, p. 172.

(3) *Journal des Economistes,* 1861, t. XXX, p. 501.

vre intitulé l'*Eglise et l'Etat* (1), et, arrive, sous une forme un peu moins nette, aux mêmes conclusions : « La propriété est le « complément de la liberté, et il n'y a pas au monde un but « qu'on puisse atteindre, soit-il le plus idéal, le plus abstrait, « sans quelque moyen matériel. S'il est vrai que l'être collectif « est un produit naturel des tendances de l'homme, conforme à « ses fins et nécessaire à son développement, on pourra bien « dire que la loi le reconnaît, le protège, le règle, le limite, « mais non qu'elle le crée ! »

Mais qu'est-il besoin de s'appuyer sur des opinions particulières ? La doctrine que soutiennent MM. Pascal Duprat, Clamageran et Minghetti, a déjà été admise, consacrée par le législateur ; elle est dans la loi du 28 mars 1884 sur les syndicats professionnels. En vertu de cette loi, non seulement les syndicats professionnels peuvent se former sans autorisation, mais ils jouissent de plein droit d'une certaine capacité civile. On a dit que cette capacité était un peu trop restreinte. Ce n'est pas mon avis. Mais que cette critique soit justifiée ou non, la loi de 1884 n'en présente pas moins une importance capitale, en ce qu'elle ne sépare pas l'idée d'association de l'idée de personne morale. C'est là le pas décisif. Il reste à obtenir que cette loi, qui n'est encore qu'une loi particulière et de faveur, devienne une loi générale, faite pour tous les citoyens et applicable à tous les intérêts légitimes.

Relativement à la personnalité morale, conviendrait-il d'introduire, dans la législation à faire, une distinction que je rencontre dans plusieurs projets ou propositions, et qui compte de nombreux partisans ? Conviendrait-il d'établir un droit commun très limité, très étroit, pour la généralité des associations, et de réserver une aptitude juridique pleine et entière ou du moins très large pour celles que le gouvernement aurait déclarées d'utilité publique. Cette distinction n'existe pas dans la loi de 1884, et elle n'a aucune raison d'être : je la repousse avec énergie. Nous avons vu que, si l'on voulait faire une loi sérieuse

(1) Traduit par Bouquet, Paris, 1882.

et sincère, il était nécessaire de fournir à toutes les associations les moyens dont elles ont besoin pour agir et arriver à leur but, c'est-à-dire leur permettre d'acquérir, de contracter, d'ester en justice. Or, de deux choses l'une : ou bien on leur mettrait tous ces moyens entre les mains ; et alors, je n'aperçois pas bien ce qui pourrait utilement être accordé de plus à certaines associations par la grâce du gouvernement ; — ou bien on les leur refuserait en principe, on ne les leur accorderait qu'en partie et dans une mesure insuffisante ; et dans ce cas, l'on n'aurait rien fait qu'une loi stérile ; la liberté n'existerait que sur le papier, elle serait un mensonge.

Le droit de posséder, je l'ai prouvé, est un élément essentiel du droit d'association. Qu'on reconnaisse ce droit à toute société sans exception, et le principe nouveau, introduit dans la loi française, produira bien d'autres avantages que ceux qui sont le résultat direct de la liberté que nous revendiquons.

Il modifiera, en effet, d'une manière heureuse, il élargira le régime romain de la propriété, passé dans notre Code civil. Il corrigera ce que ce régime a de dur et d'absolu, d'irritant pour ceux qui n'ont rien, en créant, à côté de la propriété individuelle, qui restera la grande assise de la société, une autre espèce de propriété, plus large, plus accessible, plus humaine en un certain sens, à la jouissance de laquelle un nombre infini d'individus seront appelés à participer. Il donnera une certaine satisfaction à ce qu'il peut y avoir de vrai dans la grande erreur socialiste.

Telle qu'elle a été conçue au commencement du siècle, l'organisation de la propriété foncière ne répond plus aux nécessités, aux aspirations du temps présent. La liberté réclame un système plus large et plus souple, s'adaptant à tous ses besoins. Il faudrait que l'on pût donner effet à des volontés respectables, qui rencontrent actuellement des obstacles dans la loi ; qu'il fût possible de réaliser une foule de desseins et de combinaisons, qui ne peuvent se mouvoir et se développer dans le cercle étroit où le Code civil nous enferme ! Enfin, tandis que tout ce que nous faisons, tout ce que nous entreprenons, n'a qu'une durée fatalement limitée, et la plupart du temps finit avec nous-mêmes, il faudrait qu'on nous permit de fonder des œuvres durables, d'élever des édifices solides au milieu de nos tentes légères, d'introduire un élément fixe et permanent parmi les éléments mobiles et changeants qui constituent la Société moderne.

Il va sans dire, Messieurs, que je demande une dernière réforme, c'est une réforme fiscale. Je demande la réforme des lois de finances de 1880 et de 1884, la suppression de droits injustes, uniquement basés sur des fictions, l'abandon d'un système prohibitif qui tue les associations, et qu'on n'a imaginé qu'afin de les tuer ; je demande le retour au droit commun, c'est-à-dire l'application à tous, aux personnes morales sans aucune exception comme aux particuliers, du principe de l'égalité devant l'impôt.

On fait deux objections au droit d'association.

La première est surtout théorique. Le droit absolu d'association crée, dit-on, des États dans l'État.

Voici la réponse.

Cela serait vrai, si ce droit devait avoir pour conséquence de dépouiller l'Etat de ses prérogatives au profit des associations. Mais personne ne va jusque là, je pense ; et dans aucun des pays où les sociétés particulières peuvent se former librement, nous ne voyons qu'il leur soit permis de s'emparer d'autres intérêts que les intérêts particuliers. Elles n'usurpent point sur le domaine réservé de l'État, et dès lors elles ne sauraient être assimilées à des *États*. Appliqué aux associations, ce dernier mot est donc impropre, et, par suite, l'objection tombe.

La seconde objection est tirée des faits ; elle se fonde sur l'épreuve partielle que nous faisons de la liberté d'association depuis 1884.

Au fond, nous retrouvons ici la raison de tout temps opposée à la liberté de la presse, à la liberté politique, à la liberté religieuse, à toutes les libertés ; et derrière cette raison, l'erreur naïve d'un certain nombre d'esprits timorés. On veut que la liberté ne produise jamais que des résultats édifiants, on ne l'admet qu'à cette condition. Mais, pour réaliser un tel idéal, il faudrait commencer par supprimer la liberté morale de l'homme, source première de toutes les erreurs et de tous les maux, c'est-à-dire corriger par l'œuvre de Dieu. Gardons-nous d'une telle prétention ! Tenons pour certain que si les effets de la liberté sont nécessairement mêlés de mal et de bien, la somme du bien l'emporte toujours sur la somme du mal. Et si l'on avait besoin d'avoir une preuve nouvelle d'une vérité si vulgaire, ce serait précisément dans les effets de cette loi sur les syndicats professionnels, dont on tire argument contre la liberté des associations, que nous la trouverions.

Il est certain que les résultats produits par cette loi, seraient déplorables, si l'on n'en jugeait que par ce que nous en apprennent les journaux, par les agitations incessantes que fomentent les Chambres syndicales, et par les folies dites dans les Congrès qu'elles organisent. Mais heureusement ce n'est là qu'une partie de la vérité. N'oublions pas, en effet, qu'il s'est formé en dix ans plus de 1.000 syndicats agricoles, puissant secours pour la propriété rurale dans la crise douloureuse qu'elle traverse ; et qu'à côté des syndicats ouvriers, il existait, en 1892, 1.117 syndicats de patrons et 123 syndicats mixtes.

Il ne faudrait pas croire, d'ailleurs, que les syndicats ouvriers eux-mêmes n'aient fait que de mauvaise besogne : ils ont fondé des Sociétés de Secours mutuels, des caisses d'épargne et des caisses de retraite ; ils ont ouvert des bureaux de placement. Enfin, si des faits regrettables se sont produits de ce côté, la liberté n'en saurait être rendue responsable. On doit s'en prendre soit à la faiblesse du Gouvernement, qui ne les a pas réprimés, soit à l'insuffisance de la loi qui ne s'est pas montrée assez prévoyante.

VI. Toute liberté humaine peut dégénérer en licence : ce n'est pas une raison pour supprimer la liberté, nous l'avons dit ;

mais c'est une raison pour prévoir les abus qu'elle peut faire naître, et pour les prévenir. Quelles sont donc les garanties que la société est en droit d'exiger contre les abus de la liberté d'association (1) ?

Les abus à redouter sont les suivants :

L'association peut poursuivre un but illicite ;

Elle peut dévier de son but ;

Les gérants peuvent commettre des fraudes et des malversations ;

Enfin l'accumulation des biens-fonds entre les mains des personnes morales, en ressuscitant l'ancienne mainmorte, peut appauvrir le pays, comme il arriva sous l'ancien régime ; et, en livrant une partie du territoire national à des Sociétés étrangères, elle peut créer un danger pour la patrie.

Trois moyens suffisent pour prévenir les trois premiers abus :

La publicité des statuts ;

La publicité des noms des administrateurs et des directeurs, responsables de toutes les infractions à la loi ;

Ces deux publicités sont prescrites par la loi de 1884 ; nous en ajouterons une troisième : la publicité du bilan financier (2). Relativement au bilan et au compte annuel de la gestion financière, on pourrait transporter dans la loi sur les associations, quelques-unes des dispositions de la loi du 24 juillet 1867 sur les Sociétés commerciales.

La mise au grand jour du compte rendu détaillé de l'emploi des fonds sociaux empêcherait non seulement les malversations proprement dites, mais encore tout virement, permettant de détourner l'association de son but avoué (3).

Elle aurait un autre résultat, qui ne serait ni le moins important ni le moins précieux : elle ôterait tout prétexte à l'ingérence

(1) Ces abus et ces garanties sont très nettement indiqués dans la brochure de M. le Comte de Paris.

(2) Eod. loc. p. 48.

(3) Eod. loc.

de l'Etat dans l'administration du patrimoine social. Cette tutelle administrative n'est, en effet, que la conséquence des idées surannées que j'ai combattues, sur l'origine et la nature de la personnalité civile. Ce que nous appelons les *établissements d'utilité publique* n'existant que par la grâce du Gouvernement, il a paru logique que celui-ci s'immisçât avec plus ou moins d'autorité dans la conduite de leurs affaires. De là il résulte que les corps, qui, dans un pays sagement organisé, constituent des forces indépendantes et font un utile contrepoids à la puissance de l'État, servent fortement chez nous à étendre cette puissance, et à faire pénétrer l'action administrative dans la sphère des intérêts privés. Un pareil système, là où il est en vigueur, va contre le but même de la liberté d'association ; il est destructif de cette liberté. Rien n'en doit subsister.

Il reste à parler du dernier péril, de la formation d'une mainmorte considérable. Le législateur de 1884 l'a prévu, et il y a paré par la disposition suivante : « Les Syndicats ne pourront acqué- « rir d'autres immeubles que ceux qui seront nécessaires à leurs « réunions, à leurs bibliothèques, et à des cours d'instruction « professionnelle. » On n'aurait qu'à généraliser cette disposition, et à dire : « Les associations ne pourront acquérir « d'autres immeubles que ceux qui seront nécessaires au « but énoncé dans les statuts. » Cette limitation, mise à la capacité d'acquérir des biens-fonds, est commandée par l'intérêt général, et elle ne l'est pas moins, je crois, par l'intérêt des associations elles-mêmes : car les possessions immobilières allument les convoitises et provoquent les confiscations.

J'ai fini, Messieurs.

J'ai essayé de montrer que la liberté des associations est le pivot de la seule réforme où se trouve le salut, et qu'en attendant que cette réforme s'accomplisse, la liberté d'association peut seule empêcher l'individu d'être écrasé par le nombre, les minorités par les majorités. J'ai dit, en terminant, comment la loi devait être faite pour être efficace.

Quel est le Gouvernement qui, s'élevant au-dessus des questions courantes et de la politique au jour le jour, donnera enfin cette loi à notre pays ?

On est saisi d'une véritable tristesse, lorsqu'on songe que la France a dépassé le centenaire de la Révolution, sans l'avoir encore obtenue. Nous avons magnifiquement fêté cet anniversaire... j'aurais voulu qu'on le fêtât d'une autre manière. Inscrire le droit d'association en tête d'un grand programme libéral, où, reprenant dans toutes ses parties l'œuvre de nos pères l'on en aurait comblé les lacunes et corrigé les erreurs ; reviser les principes et les lois qui constituent la Révolution française, en nous inspirant de l'esprit généreux de l'Assemblée constituante, de sa passion profonde pour la liberté, mais en nous souvenant de nos épreuves, en nous servant de notre expérience, — n'était-ce pas la meilleure manière de célébrer le souvenir de 1789 ?

Clermont (Oise). — Imp. Daix frères.

www.ingramcontent.com/pod-product-compliance
Lightning Source LLC
Chambersburg PA
CBHW071416030726
47594CB00006B/2476